AF253681

DISCOURS

PRONONCÉ DANS LA CATHÉDRALE DE NANTES

A L'OCCASION DU

3ME CENTENAIRE DE SAINT VINCENT DE PAUL

PAR

M. L'ABBÉ DORMAGEN

24 AVRIL 1876

NANTES

LIBRAIRIE CATHOLIQUE LIBAROS

CARREFOUR CASSERIE

1876

DISCOURS

PRONONCÉ DANS LA CATHÉDRALE DE NANTES, A L'OCCASION DU 3ᵉ CENTENAIRE
DE SAINT VINCENT DE PAUL

PAR M. L'ABBÉ DORMAGEN.

> *Deus charitas est, et qui manet in cha-*
> *ritate in Deo manet, et Deus in eo.*
> Dieu est charité, et celui qui demeure
> dans la charité demeure en Dieu, et Dieu
> demeure en lui.
>
> I. JOAN. IV, 16.

Monseigneur,

Quand la poussière de notre société moderne sera refroidie — si
Dieu lui laisse le temps de refroidir — et que, la flamme des passions
contemporaines étant éteinte, l'histoire, rendue à son impartialité, for-
mulera un jugement définitif sur notre époque, elle dira que ce qui
caractérise notre vie sociale, c'est un vide immense, inconnu jusqu'alors.

Cette vie sociale est vide de Dieu.

Aux yeux de nos législateurs, depuis bientôt un siècle, il y a des
citoyens qui peuvent honorer Dieu au gré de leur conscience, et ont
droit à la liberté du culte qu'ils préfèrent ; mais il n'y a plus un Dieu
qui ait droit au respect et à l'adoration d'un peuple tout entier.

On ne saurait impunément, chez nous, outrager la majesté d'un
prince étranger, le Code le protége ; mais on y peut impunément outrager, tous les jours, la majesté de Dieu, et même nier publiquement
son existence. Et non-seulement le Code ne le protége pas — si l'on
peut employer une telle expression en parlant de Dieu, — mais le lé-
gislateur même n'est pas tenu de croire en Lui.

Voilà, mes Frères, un vide prodigieux, qui ne se rencontre nulle
part ailleurs dans l'histoire.

Je n'insisterai pas sur la démonstration de son existence ; elle est manifeste. Voyez ! Quand une société est solide, elle ressemble à la pierre. Frappez la pierre, elle s'ébrèche, mais elle demeure. Frappez une surface sous laquelle est le vide, elle s'effondre ! Et ne voyons-nous pas tous les jours des effondrements à côté de nous ? Cela est inévitable.

Dieu une fois absent de la vie sociale, la fin principale de la société n'est plus d'aider l'homme à le connaître et à le servir ; de le soutenir et le sauvegarder dans sa marche vers le ciel ; mais seulement d'atteindre aux dernières limites de la prospérité, et, nouveau Moloch, de dévorer ses enfants en les sacrifiant à sa gloire.

Or, la société est un être abstrait qui prend corps dans la multitude, laquelle est impuissante, quoi qu'on en dise, à remplir à la fois le rôle de gouvernant et de gouverné. C'est pourquoi elle se personnifie dans l'Etat, dieu fragile mais puissant, seul reconnu comme divinité sociale.

Mais l'Etat, ou gouvernement, ne fait pas la société, il la suppose. Il est la forme politique ; or, la forme politique est à un peuple ce que l'habitation est à un homme.

De la cabane au palais, il y a une multitude de degrés ; mais cabane ou palais ont besoin d'abord d'un sol pour s'y appuyer. Le sol, c'est la forme sociale ; quand le vide y est, comment bâtir ?

La question sociale, ramenée à ses principes les plus élémentaires, renferme deux problèmes, l'un moral, l'autre physique.

Vivre, tel est le premier et le dernier mot de l'existence humaine. Or, l'homme, étant corps et âme, a besoin d'un double aliment : l'aliment spirituel et l'aliment matériel. La condition du premier est l'éducation, et celle du second, la fortune, qui n'appartient qu'au petit nombre, ou le travail qui suppose la pauvreté.

Education, travail, pauvreté, ne sont-ce pas là, écrits sur la muraille, les trois mots de notre destinée prochaine ? En l'état présent des choses, ne sont-ils pas la clé de l'avenir dont aujourd'hui est le seuil ? Ne portent-ils pas en eux la solution consolante ou formidable du problème social ? Par eux la France vivra ou perdra bientôt sa place au foyer des nations.

Si l'on ne rend pas Dieu à notre éducation, à notre travail, à notre pauvreté, il est impossible d'éviter les dernières ruines.

La condition du salut est là ; elle n'est que là.

Mais comment ramener Dieu au cœur de notre vie sociale ?

Cette vie étant la résultante de toutes les vies individuelles, c'est la vie des individus qu'il faut transformer.

Ici, mes Frères, les théories sont vaines, un peuple ne se relève pas par des systèmes. Et d'ailleurs, pourquoi des raisonnements, quand nous ne sommes assemblés que pour admirer des faits ?

En donnant à la France, il y a trois siècles, celui qui devait être saint Vincent de Paul, la Providence résolvait pour nous par avance le grand problème sous lequel notre temps succombe, lorsqu'il en demande la solution à l'avenir et à la politique, au lieu de la recevoir du passé et de la religion.

Et j'aurai dit assez pour la gloire de notre héros, si je montre en ses mains la clé de notre espérance, à nous, fils d'un siècle qui prétend rejeter l'héritage de ses ancêtres et enrichir du sien ses descendants.

Envisageons donc les œuvres de saint Vincent de Paul au point de vue social, sous le double aspect de la vie de l'âme et de la vie du corps.

I

Vincent naquit l'année même où la Ligue prit naissance.

Ce seul mot rappelle, avec les efforts du protestantisme pour arracher la France à l'Eglise, les troubles civils et politiques, la perturbation des esprits, l'amoindrissement de la foi et le débordement des mœurs.

Dans la pure atmosphère d'une vie simple et pauvre, il sentit grandir en son cœur l'amour de Dieu et du prochain. La vivacité de son esprit détermina son père à l'appliquer aux études, et plus tard, les circonstances aidant, Vincent, malgré les alarmes de son humilité, tourna ses vues du côté de l'état ecclésiastique. Ses études théologiques furent très-sérieuses : la rectitude inébranlable de son jugement, jointe à une grande pénétration d'intelligence, lui donna cette science sûre et limpide, qui le distingua surtout dans sa lutte contre le jansénisme.

Il était prêtre depuis cinq ans lorsque, revenant de Marseille à Narbonne, il fut pris par des corsaires, conduit à Tunis et vendu comme esclave.

La conversion de son dernier maître, qu'il retira de l'apostasie, fut la cause de sa délivrance et d'un séjour de deux ans qu'il fit à Rome.

Dieu le préparait ainsi à l'apostolat, et l'enracinait au centre de la foi et de l'unité.

La connaissance intime qu'il acquit des besoins des âmes parmi les populations de la campagne avec lesquelles le mirent en relations divers offices qu'il eut successivement à remplir, lui inspira la pensée de travailler à leur relèvement.

Encouragé dans cette idée par le cardinal de Bérulle, et aidé par un saint prêtre, il commença des missions dans la Bresse, où l'ignorance religieuse était à son comble.

Ses succès répondirent à son zèle.

Une riche famille, voulant procurer aux habitants de ses domaines le bienfait de l'évangélisation, lui offrit les ressources nécessaires à la fondation d'une société de missionnaires.

Vincent y consentit; et là fut le berceau des *Prêtres de la Mission.* L'Orient devait les connaître, un jour, aussi bien que l'Occident.

Mes frères, j'ai parlé d'éducation comme condition de la vie de l'âme; je n'ai pas dit enseignement, parce que l'enseignement ne s'adresse qu'à l'intelligence, et que l'intelligence n'est pas tout l'homme.

La vie de l'âme manquait à ces multitudes que Vincent avait connues; c'est pourquoi il voulait la leur rendre.

Lui qui « demeurait dans la charité » savait que la « charité de Dieu s'est montrée en ce qu'il a donné son Fils au monde, afin que nous vivions par Lui (¹). »

Il portait au monde le don de Dieu, cette foi de l'Evangile qui ne s'adresse pas seulement à l'intelligence, mais qui atteint la volonté, parce que la vie est avec elle. Sa société des *Prêtres de la Mission,* il ne la créait que pour accomplir cette œuvre.

Prêtre, Evangile! deux mots, ou plutôt deux choses divines, qui sont la base nécessaire de la vie des sociétés et de celle des individus.

Ce qu'étaient les multitudes au temps de saint Vincent de Paul, elles le sont encore aujourd'hui.

Eh bien! venez, vous, nos frères incrédules, vous qui, toujours loin d'ici, repoussez le prêtre et l'évangile. Voici des foules d'hommes ignorants, tombés sous le grossier empire des passions, étrangers aux nobles aspirations, emportés sans gloire par le courant d'une vie toute chargée de matière.

Enlevez-les à la vulgarité, à la grossièreté; faites-leur une âme, sinon grande, du moins belle, une vie digne d'estime.

A quels moyens aurez-vous recours?

(¹) Joan. IV, 8.

Il faut, dites-vous, leur donner d'abord des écoles pour leur apprendre à lire. J'y consens, le moyen peut être bon.

Il est vrai qu'apprendre à lire n'est pas l'œuvre d'un jour, et qu'il vient un âge où l'esprit se refuse à subir le joug de l'alphabet. Mais je mets de côté tous les obstacles ; j'admets que tous sauront lire.

Lire n'est pás comprendre : pour se nourrir d'une lecture, et par conséquent en tirer profit, une habitude de réflexion est nécessaire.

Mais je suppose encore que l'on comprendra.

Que leur donnerez-vous à lire? Des journaux? Mais qu'est-ce qu'enseignent vos journaux? Ils parlent politique ; — je passe le reste sous silence. — Les masses seront donc initiées à la politique. Je la suppose bonne, grande.

De quelle utilité leur peut-elle être pour la vie de l'âme? Comment les relèvera-t-elle? Je l'ignore. Aux passions qui les divisaient, elle ajoutera des passions nouvelles qui les diviseront davantage; je n'y vois pas d'autres résultats.

Vous leur donnerez des livres? Vos livres attaquent souvent Dieu, l'Eglise, les prêtres, les choses chrétiennes. Je vois bien ce qu'on détruit par ce moyen ; mais détruire ne suffit pas, il faut édifier ; or, je ne vois pas ce qu'on édifie.

Cependant je veux admettre qu'on ne détruise rien : vous instruisez seulement; à force de lire, la masse devient savante, d'une vraie science. Supposition hardie, quand on songe combien c'est chose rare qu'un vrai savant, et combien les esprits d'élite ont besoin d'un long et pénible travail pour arriver à la science !

Quoi qu'il en soit, je suppose que la science fasse de nombreuses conquêtes, et qu'elle devienne le patrimoine de tous, même au fond des plus obscures campagnes. Qu'est-ce que cela fait à la vie de l'âme?

L'intelligence voit, sait, comprend. Mais voir, savoir, comprendre, est-ce la vie?

On n'a pas vécu, parce qu'on a lu ou écrit un livre. Enseigner n'est rien. Dire les choses les plus hautes, proclamer les devoirs les plus austères, tracer le plan divin de la sainteté, c'est facile. Mais réaliser ce plan, faire sa vie sainte, sublime, voilà qui est divin ! Voilà l'œuvre, non de l'intelligence, mais de la volonté ! Or, l'enseignement ne travaille pas la volonté.

Qu'on sache moins, et qu'on veuille mieux et davantage, cela seul nous rendra grands, cela seul sera la perfection.

Ne voyons-nous pas les intelligences les plus cultivées, des génies de science, n'être dans la vie que des hommes peu estimables au point de vue de la vertu, parce qu'ils succombent sous la faiblesse de leur volonté ; tandis que les plus ignorants, par la pratique difficile des commandements divins , manifestent une grandeur de vie admirable ?

La grandeur qui ne vient que de l'intelligence, pourquoi serait-elle imputable à l'homme ? Y aurait-il plus de mérite à être doué d'une intelligence élevée que d'une vue perçante ?

C'est l'ampleur de la volonté qui fait la grandeur de la vie ; et c'est à la volonté surtout que s'applique l'éducation.

Or, on nous parle toujours d'instruction, et d'éducation, jamais.

On s'occupe beaucoup de l'intelligence, et fort peu de la volonté.

Ah ! la raison en est facile à trouver : le développement de l'intelligence peut s'accorder aisément avec celui des passions, tandis que celui de la volonté coûte beaucoup, parce qu'il les contrarie.

Il est si facile de parler et même d'agir au gré de ses instincts, de laisser monter plus haut que l'âme la marée funeste des penchants mauvais jusqu'à en submerger le monde !

Tandis que se vaincre soi-même, refouler vers leur source les flots qui surgissent au dedans, comprimer les aspirations dégradantes, est si pénible à des âmes paresseuses qui ont horreur de la fatigue et de la lutte !

Et puis, où avez-vous vu qu'on entraîne les âmes vers le bien sans les aimer ? Or, vous ne les aimez pas, parce que la charité n'est pas en vous. Vous voulez des sectateurs, et non des frères. Vous flattez la multitude et ses vices ; or, la flatterie n'est pas un remède.

Voici comment raisonnait saint Vincent de Paul, en face du problème dont je vous ai demandé la solution :

Il est des sciences sans lesquelles on peut vivre ; donc, qu'à celles-là on soit plus ou moins initié, peu importe.

Mais il est une science absolument indispensable, dont la possession est la condition essentielle de la vie de l'âme.

Savoir d'où l'on vient, où l'on va, et connaître le chemin qui mène du point de départ au point d'arrivée , telle est la grande science.

L'âme étant immortelle, le chemin qu'elle doit connaître est celui de l'immortalité. Tout ce qui s'arrête aux horizons intermédiaires, tout ce qui ne franchit pas le seuil de la mort, n'a que la valeur du temps, la valeur des années fugitives.

Or, notre immortalité a un nom, elle est l'éternité ; non une éternité vague, abstraite, hôte idéal de notre raison, mais une éternité réelle, vivante ; elle est Jésus-Christ.

Oui, c'est à Dieu que nous allons ; et voilà pourquoi nous vivons pour Lui ; et pourquoi encore il nous a donné son Fils, afin que nous vivions par Lui.

Voilà pourquoi ce Fils, descendu parmi nous, a dit : « Je suis venu pour leur apporter la vie, » et encore : « Je suis cette vie. »

Dès lors, connaître Jésus-Christ, savoir ce qu'il est et ce qu'il veut que nous soyons, voilà la grande science, résumée en ces deux mots : Prêtre, Evangile !

Sans l'Evangile, il n'y aurait pas de prêtre ; et sans le prêtre, l'Evangile n'aurait point de voix.

Prêtre ! tel fut le caractère sublime de Vincent de Paul ; tel est l'idéal qu'il a réalisé aux yeux du monde.

Admirez la puissance de l'éducation évangélique par le ministère sacerdotal !

Il va seul, ou avec quelques compagnons, parmi des multitudes ignorantes et vicieuses. Il parle de Jésus-Christ, et on l'écoute ; et quand on l'a entendu, on pleure ; et quand on a pleuré, on est converti. Et voilà qu'après son passage, les multitudes ne sont plus ce qu'elles étaient. Leur ignorance s'est dissipée : elles savent maintenant qu'elles ont une âme, que cette âme est faite pour vivre de Dieu : que le moyen d'arriver à vivre de cette vie est de rejeter le péché par la pénitence, de s'approcher de Jésus-Christ, de recevoir l'aliment divin. Et ces hommes sont transformés ; des populations entières se sont relevées parce que la grâce de Jésus-Christ est rentrée en elles par la charité.

Mes Frères, supposez qu'aujourd'hui la France tout entière se soulève à la voix de l'Evangile et aux accents de ceux par qui Dieu lui envoie la vérité ; qu'elle rejette ce vide de Dieu qui l'accable ; qu'elle s'incline sous le poids de la justice divine en pleurant ses fautes et en implorant son pardon ; que tous ses enfants viennent déposer au divin tribunal le fardeau de leurs iniquités et tombent aux pieds de Jésus-Christ ; ne croyez-vous pas que, bientôt, nous serions redevenus un grand peuple ?

Ce que n'aurait pas fait la science, la charité le fera ; car « la charité édifie », tandis que « la science enfle ». Et quand, sous un simple coup de la Providence, cette enflure disparaît, tout tombe, et le vide seul demeure.

Le prêtre ! il est la clef de voûte de l'édifice social ! Et nos ennemis le sentent si bien, qu'ils font tout ce qu'ils peuvent pour lui enlever le prestige de son caractère et de son autorité. C'est un travail facile après le XVIe siècle ; après les profanations du sacerdoce par les fondateurs du protestantisme !

Evidemment comme homme le prêtre n'est pas plus qu'un autre ; il est pétri de la même boue ; mais comme prêtre, il a, dans le catholicisme, un caractère divin qui l'élève au dessus de lui-même.

Et c'est un fait digne de remarque que jamais une société n'a pu grandir, ni même vivre, sans que le prêtre ne fût à sa tête, cette société fût-elle païenne. La mesure de la valeur morale chez un peuple est toujours en proportion de son respect pour le sacerdoce.

Aussi la sainteté du prêtre doit-elle être égale à sa dignité. Saint Vincent de Paul l'avait compris. C'est pourquoi il s'efforça de faire disparaître les traces de l'affaiblissement causé par le malheur des temps.

Pour entrer dans l'esprit du saint Concile de Trente il établit d'abord des retraites pour la préparation aux ordres sacrés : et plus tard il fonda, pour sa société, un séminaire où la préparation pût commencer dès l'enfance et se continuer jusqu'au sacerdoce.

Notons en passant qu'ayant choisi, pour diriger cette œuvre, un de ses plus anciens et plus vertueux compagnons, il voulut auparavant le soumettre à un noviciat de six mois dans cette grande et admirable Compagnie de Jésus, où l'action énergique d'une règle d'acier sait si bien assouplir les âmes et les rendre habiles aux choses héroïques.

Le branle une fois donné, il eut des imitateurs. Son amitié et ses conseils aidèrent M. Olier dans la fondation de cet illustre séminaire de Saint-Sulpice, qui devait être une pépinière sacerdotale pour le monde entier.

Comprenez, chrétiens, comme ces grandes âmes, la beauté du sacerdoce ; vénérez-le et priez pour que son empire s'accroisse, car le prêtre porte en ses mains, avec l'Evangile qui éclaire le fidèle, les sacrements qui le nourrissent et le sanctifient.

Le prêtre est le premier instituteur du peuple. C'est pourquoi il importe tant que sa foi demeure intacte ; car s'il croit bien, il enseignera bien.

La condition de tout enseignement, l'autorité, est plus nécessaire encore à l'enseignement du prêtre, parce que la première vertu du chrétien doit être la foi.

Or, la raison humaine, si docile d'ordinaire sur le domaine des choses naturelles, ne renonce pas volontiers au contrôle des enseignements divins. Associée à l'orgueil et aux goûts faciles de la nature humaine, elle revendique souvent le droit d'épurer les lois dictées par Dieu et de les accommoder à sa fantaisie.

De cette tendance, toujours vivante au sein de l'humanité, sont sorties toutes les hérésies. Mais dans aucune elle n'apparaît plus manifeste que dans la grande hérésie du XVIe siècle, le protestantisme. Son principe était celui-ci : Qui que tu sois, prends le livre qui contient la parole de Dieu, et sois-en le maître. Le sens qu'il te plaira d'y voir sera toujours vrai.

Qu'est-ce alors qu'une parole divine? Qu'est-ce qu'une parole venue du ciel à laquelle je peux faire dire tout ce que je veux? Qu'est-ce qu'une autorité divine subordonnée à mon autorité humaine? C'est la supériorité de l'homme sur Dieu, et, par conséquences logiques et visibles dans l'histoire, la substitution de la raison à la foi, du déisme au christianisme, et de l'athéisme au déisme.

Le protestantisme n'avait pas réussi en France. Le baptême d'où est sortie cette France lui a donné de si profonds instincts de foi catholique, un si fort attachement à l'Eglise, que, malgré toutes les menaces du présent et de l'avenir, nous croyons qu'elle sera sauvée encore.

Mais l'esprit de révolte a des habiletés inouïes, depuis le jour où il planta son drapeau sur notre terre.

A son instigation le protestantisme se transforma, il se fit jansénisme. L'autorité de l'Eglise, il l'accepte; il accepte même celle du Souverain Pontife ; mais quand cette autorité a parlé, tout en s'inclinant devant la décision au point de vue du droit, il la récuse au point de vue du fait.

Les Sacrements, il en admet la nécessité et la divinité, mais les conditions qu'il exige dans ceux qui les reçoivent sont telles que mieux vaut s'en tenir éloigné que de s'en approcher. Le fait ici encore annule le droit.

Joignez à cela ses théories calvinistes sur la liberté, et vous comprendrez quel levain d'hérésie menaçait la foi des peuples.

Avec un coup d'œil d'une sûreté immense, admirable, avec un génie théologique dont la fermeté n'a pas été dépassée, saint Vincent de Paul vit le danger et le signala. Il n'arrêta ses efforts qu'après avoir déterminé la grande majorité des évêques de France à solliciter du Saint-Siége la condamnation définitive de l'erreur.

Et, la condamnation obtenue, il travailla à la faire accepter de tous, comme un oracle de la vérité, parlant par la bouche du Vicaire de Jésus-Christ.

Ainsi devons-nous faire, chrétiens, au milieu de ces luttes contemporaines où la raison se révolte encore contre la foi et l'autorité !

Quand celui qui veille ici-bas au salut de l'Eglise et qui embrasse tous les peuples dans sa sollicitude, quand Pierre a parlé, rangeons-nous autour de lui. C'est là notre force.

Ils le sentent bien ceux qui le poursuivent de leur haine.

Quand il a fait entendre sa grande voix, quand il a crié non plus seulement aux individus, mais aux nations : Prenez garde ! ce que vous pensez, ce que vous dites en ce moment, n'est pas la vérité ; ce que vous faites n'est pas le bien ; vous êtes hors des sentiers divins ! eux crient plus fort : Ne l'écoutez pas ! ce n'est pas à lui de parler. il n'est que le vicaire du Christ ; et nous ne croyons pas au Christ. Et quand même nous y croirions, le Christ appartient aux individus, il n'appartient pas aux peuples, qui ont le droit de vivre à leur guise !

A ces voix nous devons joindre la nôtre, chrétiens, pour dire à la sentinelle qui veille des hauteurs du Vatican : O Père, nous sommes les enfants, et vous êtes le vieillard. L'expérience nous manque, et vous avez la sagesse d'en Haut. Nous voulons le salut pour nous et notre France ; et nous croyons qu'un seul chemin y mène : celui que vous montrez. Parlez, nous serons dociles !

En cela, mes frères, se résume ici-bas la vie de l'âme : gravir le chemin de l'Eternité divine sous la lumière de la révélation épanchée sur nous par le sacerdoce, et avec le secours des moyens divins dont ses mains ont le dépôt.

C'est cette vie qu'a distribuée saint Vincent de Paul, vie dont la source est la charité, parce que « la charité vient de Dieu », portant avec elle le Fils de Dieu, étant Dieu elle-même.

II

C'est une chose étrange, mes Frères, qu'après avoir traité de la vie de l'âme en une circonstance solennelle, on puisse, dans un chaire chrétienne, traiter de la vie du corps.

Et cependant il me semble y voir une question actuelle de la plus haute importance.

Dès l'instant, en effet, où Dieu disparaît de l'horizon social ; dès l'instant où le courant social cesse de porter vers l'avenir d'outre-tombe, la masse des hommes, si elle est soustraite à l'action de l'autorité divine, subit l'impulsion de ses gouverneurs humains et borne ses efforts aux étroites limites du temps.

Or, quand l'homme n'est plus soulevé par une puissance supérieure, il retombe sur lui-même, et alors qu'y trouve-t-il ? Une raison docile à tous les souffles de l'erreur et du mensonge ; une volonté incapable de l'héroïsme des vertus et facile à l'esclavage des passions, et enfin une sensibilité qui l'enveloppe d'un réseau compact, dont tous les points tressaillent au contact de la matière et mettent en communication les impressions du dehors et les impulsions du dedans.

C'est une loi de notre nature, que là où la foi ne soumet pas l'intelligence, et où la grâce ne soutient pas la volonté, la sensibilité domine et entraîne. Alors le sceptre appartient aux instincts et aux appétits sensuels, c'est-à-dire au corps.

Et nous voyons s'étaler sous nos regards le spectacle d'une vie animale, « *animalis homo* », dans une nature raisonnable.

Oui, des hommes à vaste intelligence, des hommes distingués par leur science, en sont arrivés, non pas à penser timidement, mais à proclamer hautement que l'âme n'existe pas et que la vie physique est toute la vie de l'homme aussi bien que de la bête.

Cela étant, les portes de l'avenir sont closes pour moi ; il ne m'offre plus ni refuge ni abri. Alors je cherche un abri dans le présent et un refuge en moi-même. Là, j'entends mes aspirations et je trouve ma loi. Tous mes appétits ne sont que la manifestation d'un appétit immense et dominateur, toujours insatiable, alors même qu'il est toujours rassasié, l'appétit de la jouissance. J'ai besoin d'être heureux, et si le bonheur n'habite plus les régions éternelles, il faut que je le rencontre à côté de moi. Car, puisqu'il est ma loi, j'y ai un droit imprescriptible.

Or, je le cherche, et il n'est pas là. Pour jouir il faut être riche, et je suis pauvre ; il faut avoir la santé, et je suis malade. Alors la raison s'exalte ; le cœur s'aigrit ; au lieu de sentir en moi-même une source de charité divine, je sens une source de haine qui s'allume, un volcan qui bouillonne : la lave monte, monte encore ; un cratère s'ouvre, l'éruption se fait, et la société est incendiée. N'est-ce pas là le malheur d'hier et le malheur de demain ?

Et n'est-ce point logique ? Avoir droit à la jouissance, ne pas reconnaître d'autre loi, voir des heureux qui jouissent au gré de leurs désirs, et vivre dans la privation, cela se peut-il supporter?

Direz-vous : Par le travail on peut arriver à la jouissance, puisqu'il en conquiert les moyens? Mais n'y a-t-il pas opposition entre ces deux termes, comme entre la fatigue et le repos?

Le labeur n'aura pas de bornes et les satisfactions seront petites?

Le présent sera une immolation perpétuelle à un avenir d'un instant! Non, pour une vie qui finit sur la terre, une telle condition n'est pas supportable. Que le bonheur soit égal pour tous, puisque tous en ont un égal besoin!

Ne nous contentons pas de convoiter la richesse; prenons-la si nous sommes les plus forts!

Etant admises les théories matérialistes qui ont cours aujourd'hui, je ne sais pas quel argument autre que celui de la force on pourrait opposer à ces déductions.

Un jour, saint Vincent de Paul vit les forçats dans les galères. Son cœur s'émut. Ils étaient là souffrants, aigris, rebelles, désespérés. Il se dit que la religion seule pouvait adoucir leur sort, et il travailla à les ramener à Dieu.

En dehors des enseignements de la foi et des certitudes de l'espérance chrétienne, que sommes-nous, sinon des forçats, enchaînés par le malheur de notre naissance, au travail, aux privations, aux douleurs? Et, par les conditions de notre vie, quel allégement peut attendre le grand nombre? Nous n'avons, pour nous endormir, que le désespoir.

Mais peut-on vivre de la sorte? Une société dont la majorité abhorre le travail comme un joug honteux, et n'a pour idéal que l'opulence d'une vie sensuelle; une société où le riche, trop souvent, excite les convoitises par l'usage qu'il fait de ses biens; une société dominée par l'envie et la haine peut-elle longtemps subsister? Si un jour la force, qui impose l'ordre, vient à faiblir ou à disparaître, ne se croira-t-on pas spectateur d'une de ces luttes acharnées dans lesquelles les puissants rois de la solitude se disputent et s'arrachent une proie, avec des rugissements de colère ou de triomphe?

Oh! que la charité est un grand remède à ce mal!

Et quel admirable modèle que saint Vincent de Paul dans l'emploi de ce remède!

Il a vu le problème : on dirait qu'il en a pressenti pour nos temps les prodigieuses dimensions.

Comment renouer les relations chrétiennes entre le riche et le pauvre ?

Comment amener celui-là à remplir son rôle glorieux, et celui-ci à aimer le sien plus glorieux encore ? Pour cela il faut aimer d'un grand amour. Or, s'il est facile d'éprouver une sympathie, même vive, pour un pauvre ou un malade, il n'est pas aisé, il est même impossible d'aimer naturellement tous les pauvres et tous les malades, parce qu'en général ils ne sont pas aimables, la pauvreté et la maladie étant par elles-mêmes choses repoussantes.

Ecoutez le sublime enseignement de la foi pratiqué par Vincent de Paul !

Des pauvres, des malades, il n'en voit plus ; leur multitude malheureuse a disparu pour lui dans une glorieuse unité.

Il ne connaît plus que « ce riche » divin qui « s'est fait pauvre » pour venir sur la terre épouser toutes les pauvretés et toutes les souffrances. Il disait : « Rien ne me plaît qu'en Jésus-Christ » ; et c'est en Jésus-Christ qu'il voyait tous ceux qui souffrent : c'est Lui qu'il aimait et servait en eux, sachant bien qu'au point de vue surnaturel la dignité du pauvre est supérieure à la dignité du riche, et que la pauvreté a pour elle le trésor d'une béatitude que la richesse n'aura jamais.

Le riche a les trésors de la terre ; le pauvre a les trésors du ciel ; on ne sera pas récompensé pour avoir joui ; on le sera pour avoir souffert. Jésus-Christ a dû « souffrir pour entrer dans la gloire » ; tout chrétien est soumis à la même condition, il doit continuer et compléter la souffrance du Dieu-Homme : donc le trésor de la souffrance vaut mieux que celui de la richesse ; donc encore celui-ci doit servir surtout à acheter celui-là !

Dans quelle admirable lumière apparaissent ici les relations du riche avec le pauvre !

Si le pauvre dit : J'ai droit à une partie des biens du riche, il ne dit pas vrai ; la propriété est sacrée, nul n'a le droit de la violer ; sinon, la société ne serait pas possible.

Le seul qui ait un droit strict sur la richesse, c'est ce grand Pauvre qui est Dieu, et dont les autres pauvres sont les enfants bien-aimés et les membres vivants. Il a, Lui, le droit de dire au riche : Je t'ai donné tes biens, mais tu me dois l'aumône de la charité. Je veux bien te faire l'aumône des mérites de mes souffrances et de ma mort ; mais à la condition que tu me secoures dans mes membres souffrants.

Autrefois ceci était compris. La législation de nos ancêtres reconnaissait à Jésus-Christ le droit de posséder, et par conséquent d'hériter, et de grands chrétiens lui faisaient des legs. Il était riche alors : c'était Lui qui recevait l'aumône, et c'étaient les pauvres qui en bénéficiaient. Ils avaient leurs propriétés, ils avaient leurs hôtels. A l'Hôtel-Dieu, ils étaient chez eux.

On nous dit aujourd'hui que l'aumône humilie ! Mais qui donc l'a rendue humiliante ? Ne sont-ce pas ceux qui ont dépouillé les pauvres de leur patrimoine, en spoliant l'Eglise, intendante de leurs biens ? Ils les ont ruinés, et en substituant aux formalités chrétiennes les formalités légales, ils ont transformé la pauvreté en paupérisme, c'est-à-dire qu'ils lui ont enlevé sa majesté.

Oui, l'aumône peut humilier, mais seulement là où ce n'est pas Jésus-Christ qui la reçoit : et ce n'est pas Lui qui la reçoit quand ce n'est pas la charité qui la fait.

Tous les expédients législatifs laisseront intact, à moins qu'ils ne le compliquent, le grand problème de la pauvreté. Jésus-Christ seul en est la solution. Par lui, le riche a plus besoin du pauvre que le pauvre n'a besoin du riche ; car si le riche n'échange pas ses trésors contre les mérites de la pauvreté par l'aumône de son superflu, il n'ira pas au ciel, tandis que le pauvre, s'il vient à mourir de misère et qu'il meure chrétiennement, sera d'autant plus heureux éternellement qu'il aura plus souffert durant sa vie mortelle.

Saint Vincent de Paul n'a pas seulement incliné le riche vers le pauvre et répandu des aumônes dont le chiffre étonne l'imagination. Dans la plénitude de sa charité, il lui a ouvert le plus grand trésor qui se puisse posséder ici-bas, celui d'une affection sans bornes, plus grande souvent, et plus douce quelquefois, que celle que le pauvre a connue au foyer.

En instituant ses *Filles de la Charité*, il a créé, sur le sol brûlant du malheur, un courant de tendresse maternelle qui déborde sur tous les misérables. Quiconque n'a pas ou n'a plus de mère en peut trouver une, s'il frappe à la porte d'un de ces cœurs héritiers de sa simplicité et de son ardent amour pour Jésus-Christ, toujours vivant dans ceux qui souffrent. L'exil le plus lointain, l'isolement le plus amer, l'abandon le plus affreux, retrouvent les plus doux parfums de la famille. Sur toutes les plages, à tous les chevets, à toutes les agonies, elles sont là, ces Sœurs dont on aime à redire le nom, aussi pur, aussi suave que le nom de mère ! Par leurs soins, les souffrances sont adoucies, et la vie du corps, transformée en vie de l'âme, subit une transfiguration consolante, dont les rayons illuminent glorieusement les ténèbres du malheur.

La charité de Vincent de Paul ne devait pas être seulement l'héritage de ses Filles ; il voulut l'introduire au sein même du monde.

Outre la société des *Dames de Charité* qui alimentaient et dirigeaient les œuvres dont les *Filles de la Charité* étaient les servantes, il fonda des associations d'hommes pour la visite et le soulagement des pauvres. Elles ne réussirent pas, il est vrai, au gré de ses désirs, mais il était réservé à notre temps de voir éclore et s'épanouir ce germe déposé par lui dans notre France.

C'est une de nos gloires, et la seule sécurité peut-être de notre avenir.

Des multitudes d'hommes distingués par leurs vertus, leur intelligence, leur fortune, sans sortir du monde, vont répandre la charité autour d'eux. Ils considèrent les pauvres sous ce grand aspect que j'ai signalé, et honorent ainsi Jésus-Christ en ceux chez qui le monde ne sait pas voir des traits divins.

Oui, Messieurs de Saint-Vincent de Paul, vous êtes une des gloires de notre époque, un des grands rayons de l'auréole de votre saint protecteur.

Et il m'est doux de pouvoir ici appliquer justement, avec la restriction évidemment nécessaire, une parole du divin Maître. Il disait un jour à ses apôtres : « Je suis la vigne, et vous les branches. »

Or la société de Saint-Vincent de Paul venait à peine d'éclore, et n'étendait pas au loin ses faibles racines quand, parmi vous, un cœur d'apôtre, élevé depuis à la hauteur sublime de l'épiscopat, sut la comprendre et s'empressa de l'accueillir.

Il est là au milieu de nous, et parmi vous, Messieurs, il en est encore de ceux qui assistaient à ces premières réunions dont il était l'âme et l'abri. Aujourd'hui il peut redire la parole divine : « Je suis le cep et vous les branches. » Cep vigoureux, branches fécondes, qui se sont multipliées et produisent en abondance des fruits de charité, et par conséquent de gloire pour lui et pour vous.

Vous êtes nombreux, Messieurs ; mais vous devez le devenir davantage encore ; car il faut opposer le nombre au nombre. Dans les grandes luttes de la charité et de la défense de notre foi, vous êtes un corps d'élite : aussi avez-vous une place d'honneur sur le champ du combat, la place du péril le plus prochain.

Vous êtes l'espoir de l'avenir, parce que c'est par vous que Dieu rentrera dans la société, dans les classes élevées d'abord, qui le rendront aux classes inférieures. C'est vous qui, rapportant Dieu à la pauvreté, comblerez le vide dont notre société souffre, et fermerez l'abîme creusé entre le pauvre et le riche. C'est vous qui répandrez avec amour ces grandes et simples doctrines de la vie et du salut qui sont la base de la vie de l'âme.

Travaillez donc, Messieurs, à multiplier votre nombre. S'il est, autour de vous, quelque âme généreuse, capable de dévouement et d'héroïsme, qu'elle devienne vôtre. Que la jeunesse, aux nobles aspirations, vous prépare et vous donne de saintes recrues.

Travaillez, suivant la mesure de vos forces, à répandre la charité de Dieu, et pour la posséder demeurez en elle, afin de demeurer en Dieu. Se peut-il trouver une demeure plus sainte ? N'est-ce pas demeurer dans la lumière, dans la perfection ? N'est-ce pas ressembler à Dieu ?

Ah ! Messieurs, demeurez des enfants de charité. Qu'elle remplisse vos cœurs ! qu'elle remplisse vos paroles et vos actes ! Si Dieu n'est pas aimé, c'est que sa charité n'est pas connue. Faites-la connaître. Si un rayon ou une goutte de charité parvenait à s'introduire dans le cœur de nos ennemis, ils aimeraient Dieu.

Travaillons-y, chrétiens ; et après avoir pratiqué les œuvres de la miséricorde, en nous efforçant de rendre la vie aux âmes, hôtes de la charité dans le temps, nous en demeurerons les hôtes dans l'éternité bienheureuse qui n'est-elle-même que charité, et que je vous souhaite avec la bénédiction de Monseigneur.

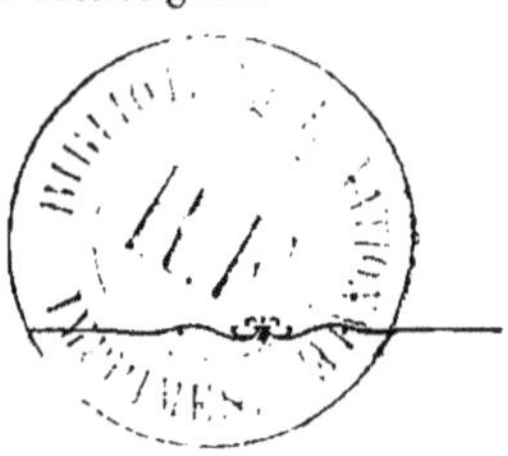

Nantes. — Imp. Vincent Forest et Emile Grimaud, place du Commerce, 4.